# SOCIÉTÉS DE SECOURS MUTUELS

# LOI

## DU 1ᵉʳ AVRIL 1898

Modifiée et complétée par les lois des 31 Mars 1903
et 2 Juillet 1904.

ET

# DÉCRET

du 25 mars 1901.

PARIS

## LIBRAIRIE CHEVALIER ET RIVIÈRE

30, Rue Jacob (VIᵉ)

1905

# SOCIÉTÉS DE SECOURS MUTUELS

# LOI

## DU 1ᵉʳ AVRIL 1898

Modifiée et complétée par les lois des 31 Mars 1903
et 2 Juillet 1904.

ET

# DÉCRET

du 25 mars 1901.

PARIS
## LIBRAIRIE CHEVALIER ET RIVIÈRE
30, Rue Jacob (VIᵉ)
—
1905

# LOI

## *Relative aux Sociétés de Secours mutuels*

## DU 1ᴱᴿ AVRIL 1898

*(Promulguée au « Journal Officiel » du 5 Avril 1898.)*

---

LE SÉNAT ET LA CHAMBRE DES DÉPUTÉS ONT ADOPTÉ,

LE PRÉSIDENT DE LA RÉPUBLIQUE PROMULGUE LA LOI dont la teneur suit :

### TITRE Iᵉʳ

### Dispositions communes à toutes les Sociétés.

ART. 1ᵉʳ. — Les sociétés de secours mutuels sont des associations de prévoyance qui se proposent d'atteindre un ou plusieurs des buts suivants : assurer à leurs membres participants et à leurs familles des secours en cas de maladie, blessures ou infirmités, leur constituer des pensions de retraites, contracter à leur profit des assurances individuelles ou collectives en cas de vie, de décès ou d'accidents, pourvoir aux frais des funérailles et allouer des secours aux ascendants, aux veufs, veuves ou orphelins des membres participants décédés.

*(Loi du 2 juillet* 1904). — « Les unions de sociétés libres et les unions mixtes de sociétés libres et approuvées peuvent recevoir l'approbation, à la condition de se conformer aux dispositions du présent article et des articles suivants. »

Elles peuvent, en outre, accessoirement, créer au profit de leurs membres des cours professionnels, des offices gratuits de placement et accorder des allocations en cas de chômage, à la condition qu'il soit pourvu à ces trois ordres de dépenses au moyen de cotisations ou de recettes spéciales.

ART. 2. — Ne sont pas considérées comme sociétés de secours mutuels les associations qui, tout en organisant, sous un titre quelconque, tout ou partie des services prévus à l'article précédent, créent, au profit de telle ou telle catégorie de leurs membres et au détriment des autres, des avantages particuliers. Les sociétés de secours mutuels sont tenues de garantir à tous leurs membres participants les mêmes avantages sans autre distinction que celle qui résulte des cotisations fournies et des risques apportés.

Art. 3. — Les sociétés de secours mutuels peuvent se composer de membres participants et de membres honoraires ; les membres honoraires payent la cotisation fixée ou font des dons à l'association sans prendre part aux bénéfices attribués aux membres participants ; mais les statuts peuvent contenir des dispositions spéciales pour faciliter leur admission, au titre de membres participants, à la suite de revers de fortune.

Les femmes peuvent faire partie des sociétés et en créer : les femmes mariées exercent ce droit sans l'assistance de leur mari ; les mineurs peuvent faire partie de ces sociétés sans l'intervention de leur représentant légal.

L'administration et la direction des sociétés de secours mutuels ne peuvent être confiées qu'à des Français majeurs, de l'un ou l'autre sexe, non déchus de leurs droits civils ou civiques, sous réserve, pour les femmes mariées, des autorisations de droit commun.

Les sociétés de secours mutuels constituées entre étrangers ne peuvent exister qu'en vertu d'un arrêté ministériel toujours révocable. Par exception, elles peuvent choisir leurs administrateurs parmi leurs membres.

Les membres du conseil d'administration et du bureau des sociétés de secours mutuels seront nommés par le vote au bulletin secret.

Les administrateurs et directeurs ne pourront être choisis que parmi les membres participants et honoraires de la société.

Art. 4. — Un mois avant le fonctionnement d'une société de secours mutuels, ses fondateurs devront déposer en double exemplaire : 1° les statuts de ladite association ; 2° la liste des noms et adresses de toutes les personnes qui, sous un titre quelconque, seront chargées à l'origine de l'administration ou de la direction.

Le dépôt a lieu, contre récépissé, à la sous-préfecture de l'arrondissement où la société a son siège social, ou à la préfecture du département.

Le maire de la commune en est informé immédiatement par les soins du préfet ou du sous-préfet.

Un extrait des statuts sera inséré dans le recueil des actes de la préfecture.

Tout changement dans les statuts ou dans la direction sera notifié et publié selon les formes indiquées ci-dessus.

Art. 5. — Les statuts déterminent :

1° Le siège social, qui ne peut être situé ailleurs qu'en territoire français ;

2° Les conditions et les modes d'admission et d'exclusion, tant des membres participants que des membres honoraires ;

3° La composition du bureau et du conseil d'administration, le mode d'élection de leurs membres, la nature et la durée de leurs pouvoirs ; les conditions du vote à l'assemblée générale et du droit pour les sociétaires de s'y faire représenter ;

4° Les obligations et les avantages des membres participants ;

5° Le montant et l'emploi des cotisations des membres, soit honoraires, soit participants, les modes de placement et de retrait des fonds ;

6° Les conditions de la dissolution volontaire de la société ;

7° Les bases de la liquidation à intervenir si la dissolution a lieu ;

8° Le mode de conservation des documents intéressant la société ;

9° Le mode de constitution des retraites pour lesquelles il n'a pas été pris d'engagement ferme et dont l'importance est subordonnée aux ressources de la société ;

10° L'organisation des retraites garanties, et spécialement la fixation de leur quotité et de l'âge de l'entrée en jouissance ;

11° Les prélèvements à opérer sur les cotisations pour le service spécial des retraites, lorsque, conformément à la clause précédente, les cotisations des membres honoraires ou participants devront être affectées pour partie à la constitution de retraites garanties, que ce soit au moyen d'un fonds commun ou de livrets individuels ouverts au nom des sociétaires.

Art. 6. — Lorsque l'assemblée générale sera convoquée, les pouvoirs dont les sociétaires seront porteurs, si les statuts autorisent le vote par procuration, pourront être donnés sous seing privé et seront affranchis de tous droits de timbre et d'enregistrement ; ils seront déposés au siège social.

Les contestations sur la validité des opérations électorales sont portées, dans le délai de quinze jours à dater de l'élection, devant le juge de paix du siège de la société. Elles sont introduites par simple déclaration au greffe.

Le juge de paix statue, dans les quinze jours de cette déclaration, sans frais ni forme de procédure et sur simple avertissement donné trois jours à l'avance à toutes les parties intéressées.

La décision du juge de paix est en dernier ressort, mais elle peut être déférée à la cour de cassation. Le pourvoi n'est recevable que s'il est formé dans les dix jours de la notification de la décision. Il est formé par simple requête déposée au greffe de la justice de paix et dénoncée aux défendeurs dans les dix jours qui suivent. Il est dispensé du ministère d'un avocat à la cour et jugé d'urgence sans frais ni amende.

Les pièces et mémoires fournis par les parties sont transmis sans frais par le greffier de la justice de paix au greffier de la cour de cassation. La chambre civile de cette cour statue directement sur le pourvoi.

Tous les actes sont dispensés du timbre et enregistrés gratis.

Art. 7. — Dans les trois premiers mois de chaque année, les sociétés de secours mutuels doivent adresser, par l'intermédiaire des préfets, au Ministre de l'intérieur, et dans les formes qui seront déterminées par lui, la statistique de leur effectif, du nombre et de la nature des cas de maladie de leurs membres, telle qu'elle est prescrite par la loi du 30 novembre 1892.

Art. 8. — Il peut être établi entre les sociétés de secours mutuels, en conservant d'ailleurs à chacune d'elles son autonomie, des unions, ayant pour objet notamment :

*a*) L'organisation, en faveur des membres participants, des soins et secours énumérés dans l'article 1er, notamment la création de pharmacies, dans les conditions déterminées par les lois spéciales sur la matière ;

*b*) L'admission des membres participants qui ont changé de résidence ;

*c*) Le règlement de leurs pensions viagères de retraite ;

*d*) L'organisation d'assurances mutuelles pour les risques divers auxquels les sociétés se sont engagées à pourvoir, notamment la création de caisses de retraites et d'assurances communes à plusieurs sociétés pour les opérations à long terme et les maladies de longue durée ;

*e*) Le service des placements gratuits.

Art. 9. — Les sociétés de secours mutuels sont admises à contracter des assurances, soit en cas de décès, soit en cas d'accidents, aux caisses d'assurances instituées par la loi du 11 juillet 1868, en se conformant aux prescriptions des articles 7 et 15 de ladite loi.

Ces assurances peuvent se cumuler avec les assurances individuelles.

Art. 10. — Les infractions aux dispositions de la présente loi seront poursuivies contre les administrateurs ou les directeurs et punies d'une amende de 1 à 15 francs inclusivement.

Si une société est détournée de son but de société de secours mutuels, et si, trois mois après un avertissement donné par arrêté du préfet du département, cette société persiste à ne pas se conformer aux prescriptions de la présente loi ou aux dispositions de ses statuts, la dissolution pourra en être prononcée par le tribunal civil de l'arrondissement.

Le ministère public introduira l'action en dissolution par un mémoire présenté au président du tribunal, énonçant les faits et accompagné des pièces justificatives ; ce mémoire sera notifié au président de la société avec assignation à jour fixe.

Le tribunal jugera en audience publique, sur les réquisitions du procureur de la République, le président de la société entendu ou régulièrement appelé.

Le jugement sera susceptible d'appel.

L'assistance de l'avoué ne sera obligatoire ni en première instance ni en appel.

En cas de fausse déclaration faite de mauvaise foi ou de toutes autres manœuvres tendant à dissimuler, sous le nom de sociétés de secours mutuels, des associations ayant un autre objet, les juges de répression auront la faculté de prononcer la dissolution à la requête du ministère public. Les administrateurs et directeurs seront passibles d'une amende de 16 à 500 francs (16 fr. à 500 fr.)

Art. 11. — La dissolution volontaire d'une société de secours mutuels ne peut être prononcée que dans une assemblée convoquée à cet effet par un avis indiquant l'objet de la réunion et à la condition de réunir à la fois une majorité des deux tiers des membres présents et la majorité des membres inscrits.

En cas de dissolution par les tribunaux, le jugement désigne un administrateur chargé de procéder à la liquidation définitive.

Aucun encaissement de cotisations autres que celles échues au jour de la liquidation ne peut plus être effectué.

Communication sera faite à l'administrateur des livres, registres, procès-verbaux et pièces de toute nature : la communication aura lieu sans déplacement, sauf le cas où le tribunal en aurait ordonné autrement.

La liquidation s'opérera conformément aux statuts; elle sera homologuée sans frais par le tribunal, à la diligence du procureur de la République.

Art. 12. — Les secours, pensions, contrats d'assurances, livrets, et généralement toutes sommes et tous titres à remettre par les sociétés de secours mutuels à leurs membres participants, sont incessibles et insaisissables jusqu'à concurrence de 360 francs (360$^f$) par an pour les rentes et de 3,000 francs (3,000$^f$) pour les capitaux assurés.

Art. 13. - - Les sociétés de secours mutuels ayant satisfait aux prescriptions des articles précédents ont le droit d'ester en justice, tant en demandant qu'en défendant, par le président ou par le délégué ayant mandat spécial à cet effet, et peuvent obtenir l'assistance judiciaire aux conditions imposées par la loi du 22 janvier 1851.

Art. 14. — Les sociétés de secours mutuels se divisent en trois catégories :

1° Les sociétés libres ;

2° Les sociétés approuvées ;

3° Les sociétés reconnues comme établissements d'utilité publique.

## TITRE II

### Des Sociétés libres.

Art. 15. — Les sociétés libres et union de sociétés libres peuvent recevoir et employer les sommes provenant des cotisations des membres honoraires et participants, et généralement faire des actes de simple administration; elles peuvent posséder des objets mobiliers, prendre des immeubles à bail pour l'installation de leurs divers services.

Elles peuvent, avec l'autorisation du préfet, recevoir des dons et legs mobiliers.

Toutefois, si la libéralité est faite à une société dont la circonscription comprend des communes situées dans des départements différents, il est statué par un décret. S'il y a réclamation des héritiers du testateur, il est statué par un décret du Président de la République, le Conseil d'Etat entendu.

Lorsque l'emploi des dons et legs n'est pas déterminé par le donateur ou testateur, cet emploi sera prescrit par l'arrêté ou le décret d'autorisation, en exécution de l'article 4 de l'ordonnance du 2 avril 1847.

Les sociétés libres ne peuvent acquérir des immeubles, sous quelque forme que ce soit, à peine de nullité, sauf les immeubles exclusivement affectés à leurs services. Elles ne peuvent, à peine de nullité, recevoir des dons ou legs immobiliers qu'à charge de les aliéner et d'obtenir l'autorisation mentionnée au paragraphe 3 ci-dessus. La nullité sera prononcée en justice, soit sur la demande des parties intéressées, soit d'office, sur les réquisitions du ministère public.

## TITRE III

### Des Sociétés approuvées.

ART. 16. — Les sociétés de secours mutuels et les unions de sociétés prévues à l'article 8, qui auront fait approuver leurs statuts par arrêté ministériel, auront tous les droits accordés aux sociétés libres et unions de sociétés libres, et jouiront des avantages concédés par les articles suivants.

L'approbation ne peut être refusée que dans les deux cas suivants :

1º Pour non-conformité des statuts avec les dispositions de la loi ;

2º Si les statuts ne prévoient pas des recettes proportionnées aux dépenses, pour la constitution des retraites garanties ou des assurances en cas de vie, de décès ou d'accidents.

L'approbation ou le retus d'approbation doit avoir lieu dans le délai de trois mois. Le refus d'approbation doit être motivé par une infraction aux lois et notamment aux dispositions du paragraphe 4 du présent article.

En cas de refus d'approbation, un recours peut être formé devant le Conseil d'Etat. Ce recours sera dispensé de tout droit ; il pourra être formé sans ministère d'avocat.

Tout changement dans les statuts d'une société approuvée doit être l'objet d'une nouvelle demande d'approbation, et aucune modification statutaire ne peut être mise à exécution si elle n'a pas été préalablement approuvée.

Il sera procédé, pour les changements dans les statuts, comme en matière de statuts primitifs, pour tout ce qui concerne les dépôts, les délais et les recours.

ART. 17. — Les sociétés de secours mutuels approuvées pourront, sous réserve de l'autorisation du Conseil d'Etat, recevoir des dons et legs immobiliers.

Les immeubles compris dans un acte de donation ou dans une disposition testamentaire, que les sociétés n'auront pas été autorisées à conserver, seront aliénés dans les délais et la forme prescrits par le décret qui en autorise l'acceptation ; le délai pourra, en cas de nécessité, être prorogé.

Les sociétés de secours mutuels et les unions approuvées prévues à l'article 8 peuvent être autorisées, par décret rendu en Conseil d'Etat, à acquérir les immeubles nécessaires, soit à leurs services d'administration, soit à leur service d'hospitalisation.

Art. 18. — Les communes sont tenues de fournir aux sociétés approuvées qui le demandent les locaux nécessaires à leurs réunions, ainsi que les livrets et registres nécessaires à l'administration et à la comptabilité. En cas d'insuffisance des ressources des communes, cette dépense est mise à la charge des départements. Dans le cas où la société s'étend sur plusieurs communes ou sur plusieurs départements, cette obligation incombe d'abord à la commune dans laquelle est établi le siège social, ensuite au département auquel appartient cette commune.

Dans les villes où il existe une taxe municipale sur les convois, il est accordé aux sociétés approuvées remise des deux tiers des droits sur les convois dont elles peuvent avoir à supporter les frais, aux termes de leurs statuts.

Art. 19. — Tous les actes intéressant les sociétés approuvées sont exempts des droits de timbre et d'enregistrement.

Sont également exempts du droits de timbre de quittance les reçus de cotisations des membres honoraires ou participants, les reçus des sommes versées aux pensionnaires, ainsi que les registres à souches qui servent au payement des journées de maladies.

Cette disposition n'est pas applicable aux transmissions de propriété, d'usufruit ou de jouissance de biens meubles et immeubles, soit entre vifs, soit par décès.

Conformément aux articles 19 de la loi du 11 juillet 1868 et 24 de la loi du 20 juillet 1886, les certificats, actes de notoriété et autres pièces exclusivement relatives à l'exécution des lois précitées et de la présente loi seront délivrés gratuitement et exempts des droits de timbre et d'enregistrement.

Art. 20 — Les placements des sociétés de secours mutuels approuvées doivent être effectués en dépôt aux caisses d'épargne, à la Caisse des depôts et consignations, en rentes sur l'Etat, bons du Trésor ou autres valeurs créées ou garanties par l'Etat, en obligations des départements et des communes, du Crédit foncier de France ou des compagnies françaises de chemins de fer qui ont une garantie d'intérêts de l'Etat.

Les sociétés de secours mutuels approuvées pourront, en outre, posséder et acquérir des immeubles jusqu'à concurrence des trois quarts de leur avoir, les vendre et les échanger.

Pour être valables, ces opérations devront être votées à la majorité des trois quarts des voix par une assemblée générale extraordinaire composée au moins de la moitié des membres de la société, présents ou représentés.

Les titres et valeurs au porteur appartenant aux sociétés de secours mutuels approuvées seront déposés à la Caisse des dépôts et consignations, qui sera chargée de l'encaissement des arrérages, coupons et primes de remboursement de ces titres, et en portera le montant au compte du dépôt de chaque société.

Art. 21. — Les sociétés de secours mutuels approuvées sont admises à verser des capitaux à la Caisse des dépôts et consignations :

1° En compte courant disponible ;

2° En un compte affecté pour toute la durée de la société à la formation et à l'accroissement d'un fonds commun inaliénable.

Le fonds commun de retraites existant au jour de la promulgation de la loi ne peut être supprimé.

Il peut être placé à la Caisse des dépôts et consignations, soit en valeurs ou immeubles, conformément aux articles 17 et 20, soit à la Caisse des retraites.

Pour l'avenir, les statuts de chaque société déterminent si elle entend user de cette faculté de constituer un fonds commun et dans quelles conditions ; ils règlent les moyens de l'alimenter, qu'il s'agisse d'un fonds commun conservé ou d'un fonds commun à créer. Ils décident notamment si la société devra verser à ce fonds, en totalité ou en partie, les subventions de l'Etat, les dons et legs, les cotisations des membres honoraires et les autres ressources disponibles.

Le compte courant et le fonds commun portent intérêt à un taux égal à celui de la Caisse nationale des retraites pour la vieillesse.

(*Loi du 31 mars* 1903.). — « La différence entre le taux de 4 1/2 p. 100, déterminé pour le compte courant et le fonds commun par le décret-loi du 26 mars 1852 et le décret du 26 avril 1856, et l'intérêt servi par la Caisse des dépôts et consignations sera versée, à titre de bonification, à chaque société de secours mutuels approuvée ou reconnue d'utilité publique, en raison de son avoir à la Caisse des dépôts et consignations (fonds libre et fonds commun de retraites), au moyen d'un crédit inscrit chaque année au budget du ministère de l'intérieur. L'intérêt servi par la Caisse des dépôts et consignations est égal à celui qu'elle a retiré de ses placements durant le cours de l'année précédente : le taux en est déterminé, au commencement de chaque année, après avis de la commission de surveillance de la Caisse des dépôts et consignations, par un décret rendu sur la proposition du ministre des finances et du ministre de l'intérieur.

« Les intérêts qui ne reçoivent pas d'emploi au cours de l'année sont capitalisés tous les ans.

« La Caisse des dépôts et consignations aura la faculté de faire emploi des fonds versés aux comptes ci-dessus désignés dans les mêmes conditions que pour les fonds de caisse d'épargne. Elle pourra, en outre, avec les capitaux du fonds commun, faire des prêts aux départements, aux communes et aux chambres de commerce ».

Art. 22. — Les pensions de retraites peuvent être constituées soit sur le fonds commun, soit sur le livret individuel qui appartient en toute propriété à son titulaire, à capital aliéné ou réservé.

Art. 23. — Les pensions de retraites alimentées par le fonds commun sont constituées à capital réservé au profit de la société. Elles sont servies directement par la société à l'aide des intérêts de ce fonds, ou par l'intermédiaire de la caisse nationale des retraites.

Pour bénéficier de ces pensions, les membres participants doivent être âgés d'au moins cinquante ans, avoir acquitté la cotisation sociale pendant quinze ans au moins et remplir les conditions statutaires fixées pour l'obtention de la pension.

Les sociétés qui constituent sur le fonds commun des pensions de retraites garanties sont tenues de produire, tous les cinq ans au moins, au ministre de l'intérieur, la situation de leurs engagements, éventuels ou liquides, et des ressources correspondantes, en se conformant aux modèles qui leur sont fournis par l'administration compétente. Elles devront modifier, s'il y a lieu, leurs statuts d'après les résultats de ces inventaires au moins quinquennaux.

Art. 24. — Les pensions de retraites constituées par le livret individuel, à l'aide de la caisse nationale des retraites ou d'une caisse autonome, sont formées, en conformité des statuts, au moyen de versements effectués par la société au compte de chacun de ses membres participants.

Ces versements proviennent :

1° De la cotisation spéciale que le sociétaire a lui-même acquittée en vue de la retraite, ou de la portion de la cotisation unique prélevée en vue de ce service ;

2° De tout ou partie des arrérages annuels du fonds commun inaliénable, s'il en existe un ;

3° Des autres ressources dont les statuts autorisent l'emploi en capital au profit des livrets individuels.

Les versements effectués par la société sur le livret individuel le sont à capital aliéné ou à capital réservé, au profit de la société, suivant que les statuts en auront décidé.

Quant aux versements qui proviennent de cotisations du membre participant, ils peuvent être, au choix de ce membre, faits à capital aliéné ou à capital réservé au profit de ses ayants droit.

Pour la liquidation des pensions de retraites constituées à capital aliéné et à jouissance immédiate par les sociétés de secours mutuels, les tarifs à la caisse nationale des retraites seront calculés jusqu'à quatre-vingts ans.

Art. 25. — En dehors des retraites garanties ou non garanties, constituées, soit à l'aide des fonds communs, soit au moyen du livret individuel, dans les conditions prévues aux articles 23 et 24, les sociétés peuvent accorder à leurs membres des allocations, non pas viagères, mais annuelles, prises sur les ressources disponibles. Le montant en sera fixé chaque année par l'assemblée générale. Les titulaires sont désignés par elle, parmi les membres âgés de plus de cinquante ans et ayant acquitté la cotisation sociale au moins pendant quinze ans.

Les statuts déterminent les autres conditions que doivent remplir les bénéficiaires.

Le service de ces allocations annuelles s'effectue à l'aide des arrérages du fonds commun inaliénable ou des autres ressources disponibles.

Une indemnité pécuniaire, fixée également chaque année en assemblée générale et prélevée sur les fonds de réserve, peut être allouée aux membres participants devenus infirmes ou incurables avant l'âge fixé par les statuts pour être admissibles à la pension viagère de retraite.

Art. 26. — A partir de la promulgation de la présente loi, les arrérages des dotations et les subventions annuellement inscrites au budget du ministère de l'intérieur au profit des sociétés de secours mutuels seront employés à accorder à ces sociétés des allocations : 1° pour encourager la formation des pensions de retraite à l'aide du fonds commun ou du livret individuel ; 2° pour bonifier les pensions liquidées à partir du 1er janvier 1895 et dont le montant, y compris la subvention de l'Etat, ne sera pas supérieur à trois cent soixante francs (360 fr.) ; 3° pour donner, en raison du nombre de leurs membres, des subventions aux sociétés qui ne constituent pas de retraites.

Pour chacune de ces affectations, la répartition du crédit aura lieu dans les proportions et suivant les barèmes arrêtés par le Ministre de l'intérieur, après avis du conseil supérieur.

Il sera, préalablement à toute répartition, opéré chaque année, sur les dotations et subventions, un prélèvement déterminé par le conseil supérieur, qui ne pourra dépasser cinq pour cent (5 p. 0/0) de l'actif total, pour venir en aide aux sociétés de secours mutuels qui, par suite d'épidémies ou de toute autre cause de force majeure, seraient momentanément hors d'état de remplir leurs engagements.

Les subventions de l'Etat, en vue de la retraite par livret individuel, profiteront aux étrangers, lorsque leur pays d'origine aura garanti par un traité des avantages équivalents à nos nationaux.

Les pensions allouées sur le fonds commun ne pourront être servies aux étrangers que dans le cas où ils résideront en territoire français.

Art. 27. — Un règlement d'administration publique détermine les conditions et les garanties à exiger pour l'organisation des caisses autonomes que les sociétés ou les unions pourront constituer, soit pour servir des pensions de retraites, soit pour réaliser l'assurance en cas de vie, de décès ou d'accident, et, d'une manière générale, toutes les mesures d'application destinées à assurer l'exécution de la loi.

Les fonds versés dans ces caisses devront être employés en rentes sur l'Etat, en valeurs du Trésor ou garanties par le Trésor, en obligations départementales ou en valeurs énumérées au paragraphe 1er de l'article 20.

La gestion de ces caisses sera soumise à la vérification de l'inspection des finances et au contrôle du receveur particulier de l'arrondissement du siège de la caisse.

La Caisse des dépôts et consignations est tenue d'envoyer dans le courant du premier trimestre de chaque année, aux présidents des sociétés de secours mutuels ayant constitué des pensions de retraites en faveur de leurs membres participants, la liste des retraités qui, dans l'année précédente, n'auront pas touché leurs arrérages.

Art. 28 — Les sociétés de secours mutuels qui accordent à leurs membres ou à quelques-uns seulement des indemnités moyennes supérieures à cinq francs (5 fr.) par jour des allocations annuelles ou de pensions supérieures à trois cent soixante francs (360 fr.) et des capitaux en cas de vie ou de décès supérieurs à trois mille francs (3.000 fr.) ne participent pas aux subventions de l'Etat et ne bénéficient ni du taux spécial d'intérêt fixé par les décrets des 26 mars 1852, 26 avril 1856, ni des avantages accordés par la présente loi sous forme de remise de droits d'enregistrement et de frais de justice.

Les sociétaires qui s'affilieront à plusieurs sociétés en vue de se constituer une pension supérieure à trois cent soixante francs (360 fr.), ou des capitaux en cas de vie ou de décès supérieurs à trois mille francs (3.000 fr.), seront exclus des sociétés de secours mutuels dont ils font partie, sous peine, pour la société, de perdre les avantages concédés par la présente loi.

Art. 29. — Dans les trois premiers mois de chaque année, les sociétés de secours mutuels approuvées doivent adresser au Ministre de l'intérieur, par l'intermédiaire des préfets et dans les formes prescrites, indépendamment de la statistique exigée par l'article 8, le compte rendu de leur situation morale et financière.

Elles sont tenues de communiquer leurs livres, registres, procès-verbaux et pièces comptables de toute nature aux préfets, sous-préfets ou à leurs délégués. Cette communication a lieu sans déplacement, sauf le cas où il en serait autrement ordonné par arrêté du préfet.

Les infractions aux prescriptions du paragraphe 2 du présent article seront punies d'une amende de seize francs (16 fr.) à cinq cents francs (500 fr.).

Art 30. — Dans le cas d'inexécution des statuts ou de violation des dispositions de la présente loi, l'approbation peut être retirée par un décret rendu en Conseil d'Etat sur la proposition motivée du Ministre de l'intérieur et après avis du conseil supérieur des sociétés de secours mutuels, lequel sera convoqué dans le plus bref délai.

La décision portant retrait d'approbation sera susceptible d'un recours au contentieux devant le Conseil d'Etat, sans ministère d'avocat et avec dispense de tous droits.

ART. 31. — Lorsque la dissolution d'une société approuvée est votée par l'assemblée générale conformément aux statuts, ou ordonnée par le tribunal, la liquidation est poursuivie sous la surveillance du préfet ou de son délégué.

Il est prélevé sur l'actif social y compris le fonds commun inaliénable de retraites déposé à la Caisse des dépôts et consignations, et dans l'ordre suivant :

1° Le montant des engagements contractés vis-à-vis des tiers ;

2° Les sommes nécessaires pour remplir les engagements contratés vis-à-vis des membres participants, notamment en ce qui concerne les pensions viagères et les assurances en cas de décès, de vie ou d'accident ;

3° *a*) Une somme égale au montant des subventions et secours accordés depuis l'origine de la société par l'Etat, à titre inaliénable, sur les fonds de la dotation ou autres, pour être, ladite somme, versée au compte de la dotation des sociétés de secours mutuels ;

*b*) Des sommes égales au montant des subventions et secours accordés depuis l'origine de la société par les départements et les communes, à titre inaliénable, pour être, les dites sommes, réintégrées dans leurs caisses ;

*c*) Des sommes égales au montant des dons et legs faits à titre inaliénable, pour être employées conformément aux volontés des donateurs et testateurs, s'ils ont prévu le cas de liquidation, ou, si leur volonté n'a pas été exprimée, pour être ajoutées au compte de dotation des sociétés de secours mutuels.

Si, après le payement des engagements contractés vis-à-vis des tiers et des sociétaires, il ne reste pas de fonds suffisants pour le plein des prélèvements prévus au paragraphe 3 ci-dessus, ces prélèvements auront lieu au marc le franc des versements faits respectivement par l'Etat, les départements, les communes, les particuliers.

Le surplus de l'actif social sera, s'il y a lieu, réparti entre les membres participants appartenant à la société au jour de la dissolution et non pourvus d'une pension ou indemnité annuelle, au prorata des versements opérés par chacun d'eux depuis leur entrée dans la société, sans qu'ils puissent recevoir une somme supérieure à leur contribution personnelle. Le reliquat sera attribué aux fonds de dotation.

## TITRE IV.

### Des sociétés reconnues comme établissement d'utilité publique.

ART. 32. — Les sociétés de secours mutuels et les unions sont reconnues comme établissements d'utilité publique par décret rendu dans la forme des règlements d'administration publique.

La demande est adressée au préfet avec les pièces suivantes : la liste nominative des personnes qui y ont adhéré et trois exemplaires des projets de statuts et du règlement intérieur.

**Art. 33.** — Les sociétés reconnues comme établissements d'utilité publique jouissent des avantages accordés aux sociétée approuvées. Elles peuvent, en outre, posséder et acquérir, vendre et échanger des immeubles, dans les conditions déterminées par le décret déclarant l'utilité publique.

Elles sont soumises aux obligations de l'article 11 qui précède.

## TITRE V.

### Conseil supérieur. — Rapports annuels. — Tables statistiques.

**Art. 34.** — Il est institué près le Ministère de l'intérieur un conseil supérieur de sociétés de secours mutuels. Ce conseil est composé de trente-six membres, savoir :

Deux sénateurs élus par leurs collègues ;

Deux députés élus par leurs collègues ;

Deux conseillers d'État élus par leurs collègues ;

Un délégué du Ministre de l'intérieur ;

Un délégué du Ministre de l'agriculture ;

Un délégué du Ministre du commerce ;

Un membre de l'Académie des sciences morales et politiques, désigné par l'Académie.

Un membre du Conseil supérieur du travail nommé par ses collègues ;

Deux membres agrégés de l'Institut des actuaires français désignés par le Ministre de l'intérieur ;

Le directeur général de la comptabilité au Ministère des finances.

Le directeur du mouvement général des fonds au même ministère ;

Le directeur général de la Caisse des dépôts et consignations ;

Un membre de l'Académie de médecine désigné par l'Académie et un représentant des syndicats médicaux, élu par les délégués de ces syndicats dans les formes qui seront déterminées par un règlement d'administration publique ;

Dix-huit représentants de sociétés de secours mutuels, dont six appartenant aux sociétés libres, élus, par les délégués des sociétés dans des formes qui seront déterminées par un règlement d'administration publique.

Chaque représentant des sociétés approuvées sera élu par un collège comprenant un certain nombre de départements.

Cette division sera faite par le règlement d'administration publique à intervenir, de telle sorte que chaque collège comprenne un nombre à peu près égal de mutualistes.

Tous les membres sont nommés pour quatre ans ; leurs pouvoirs sont renouvelables ; leurs fonctions sont gratuites.

Le ministre de l'intérieur est président de droit du conseil supérieur des sociétés de secours mutuels.

Le conseil choisit parmi ses membres ses deux vice-présidents et son secrétaire. Il est convoqué par le ministre compétent au moins une fois tous les six mois et toutes les fois que cela lui paraîtra nécessaire.

Il reçoit communication des états statistiques et des comptes rendus de la situation financière fournis par les sociétés de secours mutuels ainsi que des inventaires au moins quinquennaux et des autres documents fournis par les sociétés de secours mutuels en exécution des articles 8, 23 et 29 ci-dessus.

Il donne son avis sur toutes les dispositions réglementaires ou autres qui concernent le fonctionnement des sociétés de secours mutuels, et notamment sur le mode de répartition des subventions et secours qui seront attribués sur les mêmes bases et dans les mêmes proportions pour les retraites constituées soit à l'aide du fonds commun, soit à l'aide de livrets individuels.

Art. 35. — Sept membres nommés par le ministre, dont quatre pris parmi ceux qui procèdent de l'élection, constituent une section permanente.

La section permanente a pour fonction de donner son avis sur toutes les questions qui lui sont renvoyées, soit par le conseil supérieur, soit par le ministre.

Le ministre de l'intérieur soumet, chaque année, au Président de la République, un rapport, qui est présenté au Sénat et à la Chambre des députés, sur les opérations des sociétés de secours mutuels et sur les travaux du conseil supérieur.

Art. 36. — Dans un délai de deux ans après la promulgation de la présente loi, les ministres de l'intérieur et du commerce feront établir des tables de mortalité et de morbidité applicables aux sociétés de secours mutuels.

### Dispositions transitoires.

Art. 37. — Les sociétés de secours mutuels antérieurement autorisées ou approuvées sont tenues, dans le délai de deux ans, de se conformer aux prescriptions de la présente loi. Jusqu'à l'expiration de ce délai, elles continueront à s'administrer conformément à leurs statuts.

Les sociétés approuvées, qui ne solliciteront pas, dans ce délai, ou n'obtiendront pas l'approbation de leurs statuts, devront placer leurs fonds communs en valeurs nominatives, conformément à l'article 20 ci-dessus, et déposer leurs titres à la Caisse des dépôts et consignations. L'inexécution de ces dispositions entraînera l'application des articles 10 et 30 de la présente loi.

Toutefois, les sociétés qui assurent leurs membres exclusivement contre la maladie sont dispensées de solliciter de nouveau cette approbation.

Le Ministre de l'intérieur, après avis du conseil supérieur, prévu à l'article 34, déterminera dans quelle mesure il pourra être fait exception, pour le passé, aux prescriptions de l'article 2 en faveur des sociétés de secours mutuels qui, établies en vue de l'assurance contre la maladie, auront accordé certains avantages à ceux de leurs membres entrés dans la société à un âge relativement avancé et n'ayant pu arriver à la liquidation de leur pension en satisfaisant aux conditions normales de stage.

ART. 38. — Les articles 13, 18, 19 et 21 de la présente loi, à l'exception, pour ce dernier, de ce qui concerne le fonds commun, s'appliquent aux sociétés régulièrement constituées, en conformité du titre III de la loi du 29 juin 1894 dont l'article 20 est abrogé.

ART. 39. — Le décret-loi du 27 mars 1858 est ainsi modifié :

« Les personnes auxquelles le gouvernement de la République aura accordé des médailles d'honneur, en leur qualité de membre d'une société de secours mutuels, libre ou approuvée, pourront porter publiquement ces récompenses. »

ART. 40. — Les syndicats professionnels constitués légalement aux termes de la loi du 21 mars 1884, qui ont prévu dans leurs statuts les secours mutuels entre leurs membres adhérents, bénéficieront des avantages de la présente loi, à la condition de se conformer à ses prescriptions.

ART. 41. — Toutes les dispositions contraires à la présente loi sont abrogées.

La présente loi, délibérée et adoptée par le Sénat et par la Chambre des députés, sera exécutée comme loi de l'Etat.

Fait à Paris, le 1ᵉʳ Avril 1898.

Signé : FÉLIX FAURE.

*Le Ministre de l'intérieur,*

Signé : Louis BARTHOU.

# DÉCRET

## Qui crée des Caisses autonomes pour les Sociétés de secours mutuels ou unions de Sociétés fonctionnant dans les conditions prévues par la loi du 1ᵉʳ avril 1898.

### DU 25 MARS 1901.

*(Promulgué au « Journal Officiel » du 29 mars 1901.)*

---

Le Président de la République française,

Sur le rapport du ministre de l'intérieur et du ministre des finances ;

Vu la loi du 1ᵉʳ avril 1898, relative aux sociétés de secours mutuels, notamment l'article 27, paragraphe 1ᵉʳ, ainsi conçu : « Un règlement d'administration publique détermine les conditions et les garanties à exiger pour l'organisation des caisses autonomes que les sociétés ou les unions pourront constituer, soit pour servir des pensions de retraite, soit pour réaliser l'assurance en cas de vie, de décès ou d'accident et d'une manière générale toutes les mesures d'application destinées à assurer l'exécution de la loi » ;

Vu les délibérations du conseil supérieur des sociétés de secours mutuels, en date des 29, 30 et 31 octobre 1900 ;

Le Conseil d'Etat entendu,

Décrète :

### TITRE Iᵉʳ.

#### Caisses autonomes.

Art. 1ᵉʳ. — Toutes les sociétés de secours mutuels ou unions de sociétés fonctionnant dans les conditions prévues par la loi du 1ᵉʳ avril 1898 peuvent créer des caisses autonomes sous réserve de l'approbation prévue à l'article 5 du présent décret. Les caisses autonomes ont exclusivement pour but, soit la constitution de pensions de retraite, soit l'assurance en cas de vie, de décès ou d'accidents. Il doit y avoir une caisse distincte pour chacune de ces catégories d'opérations.

Les fonctions des directeurs et administrateurs des caisses autonomes sont essentiellement gratuites.

Art. 2. — Aucune caisse autonome ne peut pratiquer l'assurance en cas de décès ou d'accident si le nombre de ses participants est inférieur à trois mille. Ce minimum est abaissé à deux mille pour les caisses constituant des pensions de retraites ou pratiquant l'assurance en cas de vie.

Art. 3. — La caisse autonome n'a pas une personnalité civile distincte de celle de la société ou de l'union dont elle est l'organe, mais elle constitue une personnalité financière indépendante. Elle est alimentée par des cotisations spéciales qui doivent être suffisantes pour faire face aux charges qu'elle a assumées.

Ses recettes et ses dépenses font l'objet d'un budget spécial. Les fonds de la caisse doivent être placés conformément aux prescriptions de l'article 27, paragraphe 2 de la loi.

Art. 4. — La caisse autonome remet à chaque participant un livret sur lequel sont inscrits les versements effectués pour son compte et les rentes viagères ou le capital assuré en cas de vie, en cas d'accidents ou en cas de décès.

Art. 5. — Aucune société ou union ne peut créer une caisse autonome sans en avoir obtenu l'autorisation par décret rendu en Conseil d'Etat.

Le décret doit viser le règlement proposé pour l'administration de la caisse.

Toute modification à ce règlement doit être approuvée dans les mêmes formes.

Art. 6. — Le règlement des caisses autonomes doit énoncer d'une façon précise :

1° Le montant des cotisations dues par les participants à la caisse ;

2° Les conditions d'âge et autres qui doivent être remplies pour que le paiement des allocations soit effectué ;

3° Le montant des allocations (rentes ou capitaux) dues par la caisse aux participants ou à leurs ayants droit ;

4° Les règles relatives à la liquidation des pensions de retraite.

Art. 7. — Chaque année la situation active et passive de la caisse doit être établie à la date du 31 décembre.

Au passif figure le montant des réserves mathématiques, c'est-à-dire la valeur de tous les engagements pris par la caisse envers les participants ou leurs ayants droit. L'évaluation de ces engagements doit être faite au moyen de tables approuvées par arrêté du ministre de l'intérieur.

Art. 8. — Dans le cas où l'actif d'une caisse autonome n'équilibre pas son passif ou en cas d'infraction aux dispositions légales ou réglementaires en vigueur, l'autorisation donnée à la caisse peut être retirée par décret en conseil d'Etat.

Art. 9. — La liquidation d'une caisse autonome s'effectue suivant les prescriptions de l'article 31 de la loi du 1ᵉʳ avril 1898.

## TITRE II.

### Unions de Sociétés.

ART. 10. — Les unions de sociétés sont libres, approuvées ou reconnues d'utilité publique. Les unions approuvées ne comprennent que des sociétés approuvées ou reconnues d'utilité publique. Les unions libres peuvent être composées de sociétés reconnues, approuvées ou libres.

Les statuts déterminent, conformément à l'article 5 de la loi, les conditions de fonctionnement de l'union.

ART. 11. — Les unions de sociétés se forment en vertu de délibérations prises par l'assemblée générale de chaque société et portant adhésion au projet d'union et à ses statuts.

Copie de ces délibérations, certifiée par le président et le secrétaire de chaque société adhérente, est transmise au siège provisoire de l'union avec désignation du ou des mandataires chargés de représenter la société.

ART. 12. — Le procès-verbal de constitution est soumis à la première assemblée générale de l'union. Cette assemblée est composée des délégués des sociétés adhérentes spécialement désignés à cet effet.

ART. 13. — L'union n'est définitivement constituée que le jour où les administrateurs élus ont accepté leur mandat.

ART. 14. — Le ministre de l'intérieur et le ministre des finances sont chargés, chacun en ce qui le concerne, de l'exécution du présent décret, qui sera inséré au *Bulletin des lois* et publié au *Journal officiel de la République française.*

Fait à Paris le 25 mars 1901.

Signé : ÉMILE LOUBET

*Le Ministre des finances,*
Signé : J. CAILLAUD.

*Le Président du Conseil,*
*Ministre de l'intérieur et des cultes,*
Signé : WALDECK-ROUSSEAU,

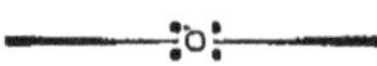

**LIBRAIRIE**

CHEVALIER & RIVIÈRE

30, Rue Jacob. — PARIS (VIe)

Niort. — Imp. Th. Martin.

J. BARBERET, chef du bureau des institutions de prévoyance au ministère de l'intérieur. — **Les Sociétés de secours mutuels.** — Commentaire de la loi du 1er avril 1898 ; 4º édition 1904. 1 volume in-8º de 500 pages.
Prix : broché ................................................................ **6 fr.** »
Relié toile ................................................................ **7 fr. 50**

BARBIN. — **Les Sociétés de secours mutuels.** — Etude de la loi du 1er avril 1898. 1901. In-8 ................................................................ **3 fr.**

BARANGER. — **La nouvelle loi sur les Sociétés de secours mutuels.** — 1 vol. in-8. 1900 ................................................................ **6 fr.**

COLL (A.). — **Les unions et fédérations de Sociétés de secours mutuels.** — In-8. 1901 ................................................................ **2 fr. 50.**

E. DÉDÉ. — **Les Sociétés de secours mutuels.** — Leur rôle économique et social. 1904. In-8 br ................................................................ **3 fr.**

DESPLANQUES. — **La Mutualité dans l'assurance agricole.** — 1902. In-8 ................................................................ **4 fr.**

GUILHAUMEAU (Ch.). — **Les Sociétés de secours mutuels et leur concours à l'assurance ouvrière.** — 1 vol. in-8. 1901. Montpellier. **5 fr.**

P. de LAFFITTE. — **Essai d'une théorie rationnelle des Sociétés de secours mutuels.** — 1888. In-8 ................................................................ **5 fr.**

LÉPINE. — **La Mutualité.** — Ses principes ; ses bases véritables, par M. F. Lépine, inspecteur de l'Enseignement primaire, avec lettre-préface de Fréd. Passy. 1 vol. in-18 jésus, broché ................................................................ **3 fr. 50**

MABILLEAU. — **La Prévoyance sociale en Italie,** par M. Léopold Mabilleau, directeur du Musée social ; Ch. Rayneri, directeur de la Banque populaire de Menton, et le Comte de Rocquigny, délégué au Service agricole du Musée social. — 1 vol. in-18 jésus, br ................................................................ **4 fr.**

MARTINET. — **Les Sociétés de secours mutuels et les assurances ouvrières.** — Gr. in-8. 1891 ................................................................ **5 fr.**

MATHÉI DE VALFONS. — **Les Sociétés de secours mutuels en France.** — 1898. In-8 ................................................................ **3 fr.**

MAYEN. — **Les Sociétés de secours mutuels, de prévoyance et de retraites.** — 1 vol. in-8. 1900. Lyon ................................................................ **8 fr.**

PETIT (Eugène). — **Les Sociétés de secours mutuels en France.** — 1892. 1 vol. in-12, broché ................................................................ **2 fr.**

SERULAZ. — **Les Sociétés de secours mutuels et la question des retraites.** — Lyon. 1 vol. in-8 ................................................................ **7 fr.**

# LES CAISSES D'ÉPARGNE
## EN FRANCE
### Histoire. — Législation
PAR
*A. CHEVAUCHEZ, Rédacteur au Sous-Secrétariat des Postes et Télégraphes.*
1 petit volume in-8, broché. 1905 ................................................................ **1 fr. 25**